MAXIME

VERNOIS

NOTICE BIOGRAPHIQUE

SUR

MAXIME VERNOIS

NOTICE BIOGRAPHIQUE

SUR

MAXIME VERNOIS

MÉDECIN HONORAIRE DE L'HÔTEL-DIEU

MEMBRE TITULAIRE DE L'ACADÉMIE DE MÉDECINE

DU CONSEIL D'HYGIÈNE PUBLIQUE ET DE SALUBRITÉ DU DÉPARTEMENT DE LA SEINE

DE LA COMMISSION ADMINISTRATIVE DES LYCÉES

ANCIEN MÉDECIN CONSULTANT DE L'EMPEREUR

OFFICIER DE LA LÉGION D'HONNEUR, ETC., ETC.

LUE A L'ACADÉMIE DE MÉDECINE LE 27 FÉVRIER 1877

PAR

M. DELPECH

Membre de l'Académie de médecine

PARIS

G. MASSON, ÉDITEUR

LIBRAIRE DE L'ACADÉMIE DE MÉDECINE

PLACE DE L'ÉCOLE-DE-MÉDECINE

1877

NOTICE BIOGRAPHIQUE

SUR

MAXIME VERNOIS

Messieurs, c'est le sort fatal de toutes les associations humaines de voir des vides cruels se faire à chaque heure dans leurs rangs, et la sympathie avec laquelle elles accueillent les générations nouvelles ne peut amoindrir la douleur que leur cause la perte de leurs membres disparus. Dans ce mouvement incessant de destruction et de rénovation constantes, si elles saluent avec joie l'aurore du talent ou du génie, les efforts laborieux de la jeunesse qui marche à des destinées inconnues, elles gardent avec respect et reconnaissance la mémoire des hommes qui les ont honorées par l'élévation de leur caractère et par l'éclat de leurs travaux; elles pleurent avec amertume ceux qui ont su allier à une haute valeur intellectuelle ces qualités aimables qui donnent aux relations de chaque instant un charme plus pénétrant.

En deux jours l'Académie de médecine vient d'assister aux funérailles de deux de ses membres qui possédaient à un haut degré ces dons qui attirent le respect ou la sympathie.

L'un, chargé d'années, entouré d'une vénération profonde, conservait dans une extrême vieillesse cette bienveillance courtoise qui semblait être l'un des plus gracieux apanages du génie de notre nation; l'autre, que nous pouvions espérer garder encore au milieu de nous, se faisait remarquer dans la maturité de la vie par une distinction élégante, par une affabilité de manières qui donnaient à son intimité une grâce toute spéciale.

Une voix éloquente vous a dit, Messieurs, les vertus de M. de Kergaradec. Je vais m'efforcer de vous exposer les titres de M. Vernois à nos souvenirs et à nos regrets.

Ange-Gabriel-Maxime Vernois naquit à Lagny le 4 janvier 1809. Son père, greffier de la justice de paix, a laissé, malgré ses fonctions modestes, un profond souvenir, et son père est encore en vénération dans le pays qu'il habitait. C'était un homme simple, lettré, d'un esprit élevé, de mœurs austères, imbu de la sévérité des doctrines jansénistes, et qui ne voyait dans la vie qu'un seul intérêt, celui de se préparer à une mort chrétienne.

Il donna les plus grands soins à l'éducation de son fils, chez qui se développèrent de bonne heure l'amour de l'étude et le désir de savoir.

Le médecin de Lagny était alors un homme instruit, dévoué, chez qui les fatigues d'une longue profession n'avaient pas éteint l'enthousiasme et qui portait haut le sentiment de la dignité médicale.

Le père Janin, c'est ainsi que le désignait l'affection familière et reconnaissante de la population à laquelle il consacrait ses labeurs, était, à l'époque des vacances qu'il venait passer chaque année dans sa famille, le compagnon préféré du jeune Vernois, qui puisait dans ses discours le goût de l'étude de la médecine vers laquelle le portait la tendance de son esprit.

Son père ne le vit pas sans appréhension entraîné dans cette voie. Il craignait que la recherche de la science ne vînt introduire le doute dans l'âme de son fils et qu'il ne perdît la foi.

Mais, soutenu par les élans de sa nature et charmé par les leçons de son vieil ami, Vernois persista dans son désir et il obtint de suivre cette vocation qui le poussait vers des travaux dans lesquels il devait conquérir le succès.

C'est en 1829 qu'il commença ses études. Externe en 1830, il pansait, sous le feu, les blessés, pendant les journées de la Révolution, avec un dévouement qui lui valut la croix de Juillet. Nommé interne en 1832, Vernois, à la fin de son internat, disputait à notre cher secrétaire annuel, M. Roger, la médaille d'or des hôpitaux.

S'il ne reçut point cette haute distinction, on lui accorda cependant avec la médaille d'argent, et par une exception unique, une prolongation de deux années d'internat, faveur réservée toujours d'une manière exclusive à la première place.

Dès 1834, Vernois, interne à la Pitié dans le service d'Andral, publiait dans le Bulletin de Miquel un *Compte rendu* des expériences faites par notre illustre confrère *sur la thérapeutique homœopathique*, et, dans un mémoire plus complet, publié en 1835, il démontrait la nullité de la doctrine d'Hahnemann.

Sa thèse inaugurale, soutenue en 1837, avait pour titre : *Études physiologiques et cliniques pour servir à l'histoire des bruits des artères, suivies de propositions sur la syphilis, les maladies de la peau, les maladies des enfants*, etc.

Dans cette remarquable monographie, Vernois, à la suite de notre illustre maître M. le professeur Bouillaud, étudiait avec le soin le plus minutieux les conditions du développement des bruits normaux et morbides des artères, et, malgré les nombreux travaux publiés depuis sur ce sujet, on trouverait encore dans cette œuvre les indications les plus utiles et la trace de l'investigation à la fois la plus patiente et la plus sagace.

La thèse de Vernois se terminait par des propositions de médecine et de philosophie naturelle. Ces dernières, au nombre de dix, eurent l'insigne honneur d'être signalées de la façon la plus élogieuse par E. Geoffroy Saint-Hilaire dans ses *Notions synthétiques, historiques et physiologiques de philosophie naturelle*.

« Je me flatte d'être enfin compris », disait le grand naturaliste, « j'ai cette satisfaction qu'un jeune lauréat, M. Maxime » Vernois, sorti vainqueur de presque tous les concours où » s'engagent les élèves internes des hôpitaux, et passant sa thèse » pour le doctorat en médecine, n'a pas craint d'aborder dans » un acte public et solennel toutes les hautes questions ressor- » tissant à ma loi universelle. » Il ajoutait : « Pour réduire en » aphorismes courts et concis les immenses éléments d'une » science étendue, et le faire sans méprise ni erreur, il faut être » plein d'un savoir fin et délicat sur la matière, doué du même » esprit de suite et de synthèse qui avait présidé à la compo- » sition générale, et annoncer une rare puissance de sentiment » et de propagation des grandes vérités nouvelles. »

Geoffroy Saint-Hilaire transcrivait à la fin de son ouvrage les dix propositions de la thèse de Vernois : « Je les regarde, » disait-il, tant elles me paraissent pleines de sens, de vigueur, » et judicieusement formulées, comme un appendice qui com- » plète heureusement les raisonnements de mon présent opus- » cule. »

En 1839, dans un mémoire intéressant, Vernois analysait avec plus de détails les doctrines contenues dans le livre de Geoffroy Saint-Hilaire qu'il avait résumé dans ses propositions et qui avait pour titre : *Loi universelle, attraction de soi pour soi.*

Est-il, messieurs, pour un jeune homme à son entrée dans la carrière scientifique, une fortune plus haute et un plus brillant éloge ?

Collaborateur des travaux d'Andral, confident apprécié des idées et des doctrines de Geoffroy Saint-Hilaire, Vernois se préparait ainsi à cette vie laborieuse dont nous avons été les témoins, et préludait à cette distinction de l'esprit dont toutes ses œuvres portent le caractère.

Dès 1838, et à peine sorti des bancs de l'école, il se présentait au concours de l'agrégation. Dans sa thèse : *De l'état fébrile chronique,* il repousse la pensée de la fièvre chronique essentielle pour rattacher toujours à des altérations organiques le groupe de symptômes qui la constitue.

Une seconde fois, en 1844, Vernois affrontait le même concours. Si d'heureuses et brillantes compétitions lui ravirent le succès qu'il avait cherché, ses épreuves témoignèrent cependant d'une instruction étendue et profonde et d'un incontestable talent. Sa thèse *Sur le diagnostic thérapeutique des maladies du foie et sur sa valeur au point de vue anatomique* est une œuvre intéressante et utile.

Je ne veux pas examiner ici, messieurs, en détail, les travaux que notre regretté confrère publia de 1838 à 1853 : *De la pneumonie chez les enfants nouveau-nés. — De la forme recourbée des ongles dans les maladies. — Des dimensions du thymus chez l'enfant nouveau-né. — Du siége des bruits de souffle vasculaires. — Mémoire sur la diminution et la disparition des globules du lait pendant les phlegmasies aiguës dont sont atteintes les nourrices ;* je signalerai seulement son mémoire *Sur les dimensions du cœur chez l'enfant nouveau-né, suivi de recherches comparatives sur les mesures de cet organe à l'état adulte.* Ce travail, entièrement neuf, fondé sur l'examen et la mensuration de 366 cœurs d'enfants de vingt jours à quatre mois, se résume en un tableau qui a eu l'honneur d'être inséré dans le *Traité des maladies du cœur* de M. le professeur Bouillaud.

Nommé au concours médecin du Bureau central des hôpitaux en 1844, médecin de l'hôpital Saint-Antoine en 1849, Vernois fut élu, en 1852, membre du Conseil d'hygiène publique et de salubrité du département de la Seine.

Entraîné par cette situation nouvelle dans des recherches d'un ordre différent de celles qui l'avaient occupé jusqu'alors, il publia à peine, depuis, quelques mémoires de pathologie pure. Je signalerai cependant un travail *Sur le sucre du foie et les modifications de ce principe dans les maladies ;* des *Recherches sur l'extinction de la faculté d'absorption pendant la période algide du choléra,* dont il confia l'exposé à son interne, M. le docteur Duchaussoy, et un mémoire *Sur l'albuminurie et la maladie de Bright,* en collaboration avec Alfr. Becquerel, lu à l'Académie en 1856.

A partir de 1853, Vernois dirigea vers les recherches de l'hygiène les précieuses facultés de son esprit.

Quelque importantes qu'aient été les publications qu'il mit au jour dans cette direction, elles ne peuvent donner une idée du travail qu'il lui consacra. Assidu au Conseil de salubrité, dont il fut élu vice-président en 1860, il y fit un nombre considérable de rapports, tantôt sur des points de détail et à l'occasion des industries diverses dont les relations avec la santé publique sont une des plus importantes attributions du Conseil, mais encore sur des questions générales dont l'administration lui confia l'examen. Collaborateur, dans l'examen de ces questions souvent difficiles, des hommes les plus éminents à des titres divers, Payen, Boussingault, Michel Lévy, Combes, Péligot, Tardieu, Bussy, Buignet, Guérard, Chevallier, Devergie, Bouchardat et de tant d'autres, dont les uns ont été enlevés par la mort à l'affection de leurs collègues, et dont les autres leur apportent encore le tribut de leur expérience scientifique et de leur talent, Vernois fut, par l'étendue de ses connaissances, la sagesse de son esprit et son ardeur constante au travail, l'une des lumières du Conseil.

Il rassemblait dès lors les matériaux de son beau livre, le *Traité pratique d'hygiène industrielle et administrative comprenant l'étude des établissements insalubres, dangereux et incommodes.*

Cet ouvrage, le plus important de beaucoup parmi ceux de Vernois, fut son titre principal à votre choix lorsque, en 1861, vous lui fîtes l'honneur de le nommer membre de l'Académie de médecine dans la section d'hygiène publique, de médecine légale et de police médicale.

Pour montrer l'importance de cette œuvre capitale, je ne puis mieux faire que de reproduire l'appréciation que notre éminent collègue M. Tardieu vous en présentait dans son rapport sur les titres des candidats qui sollicitaient vos suffrages. « Cet ouvrage, disait-il, dont le premier mérite est » l'utilité, présente réunis les lois organiques françaises qui » servent de base à la salubrité publique, les détails les plus » essentiels à connaître des opérations relatives à l'exercice des » industries classées, le résumé complet des causes d'insalu- » brité et d'incommodité, l'indication des prescriptions légales » à ordonner ou des mesures préventives à imposer, enfin, les » notions préliminaires d'hygiène publique générale auxquelles » se rapportent les principes de la salubrité dans les villes et » dans les campagnes. Ce livre renferme beaucoup de matériaux » et de documents empruntés aux archives du Conseil d'hy- » giène de la Seine, dont il fait connaître la jurisprudence; » mais on y rencontre aussi un très-grand nombre de rapports » rédigés par l'auteur pour les besoins du Conseil, et dont » quelques-uns constituent à vrai dire des travaux originaux » d'une réelle importance, tels que ceux qui ont trait à l'insti- » tution des crèches, à la suppression de la fumée dans les » usines et aux appareils fumivores, aux systèmes de vidanges, » à l'emploi de la viande de cheval, à la conservation des sub- » stances alimentaires. »

Il est inutile d'ajouter à cet éloge de longs développements; tous ceux qui ont examiné avec soin le *Traité pratique d'hygiène*, tous ceux surtout qui ont voulu se renseigner exactement sur les inconvénients de telle ou telle industrie, ont pu constater tout ce qu'il a fallu de connaissances acquises, de recherches patientes et de méthode rigoureuse pour y rassembler, pour y classer tant de faits divers; ils ont pu constater facilement, pratiquement, les moyens mis en usage jusqu'à ce jour pour combattre les causes d'insalubrité et en prescrire immédiatement l'emploi, s'ils avaient mission de le faire.

Avant la publication de ce grand ouvrage, Vernois avait produit des travaux d'hygiène d'un autre ordre, qui sont dans la mémoire de tous et qu'il suffira de rappeler.

Il avait fait, en collaboration avec Alfr. Becquerel, une très-consciencieuse étude *Du lait chez la femme dans l'état de santé et dans l'état de maladie*. Cette étude était suivie de *Nouvelles recherches sur la composition normale du lait chez la vache, l'ânesse, la chèvre, la jument, la brebis et la chienne*.

Plus tard, les deux auteurs profitaient du concours agricole universel de 1856 pour analyser comparativement *Le lait des principaux types de vache, chèvre, brebis, bufflesse*, et pour examiner leur richesse variable en beurre, en albumine, en caséine et en sucre, et l'influence de l'alimentation sur ces variations primitivement dues à la race.

Ces deux mémoires, que distinguent l'exactitude la plus grande et le scrupule le plus consciencieux, sont pleins de renseignements du plus haut intérêt et font encore autorité malgré les travaux qui se sont produits depuis l'époque de leur publication.

L'action des poussières sur la santé des ouvriers charbonniers et mouleurs en bronze; celle des verts arsenicaux chez les ouvriers fleuristes; l'influence comparée des deux systèmes de ventilation et de chauffage établis à l'hôpital Necker; la préparation des soies de porcs et de sangliers et les ateliers de brosserie; la fabrication des pains à cacheter en pâte; la prophylaxie administrative de la rage; l'extinction de la pellagre devinrent successivement, pour Vernois, l'occasion de mémoires importants. Mais s'il m'est impossible d'examiner plus longuement ces œuvres nombreuses, je dois donner une attention toute particulière au mémoire intitulé : *De la main des ouvriers et des artisans au point de vue de l'hygiène et de la médecine légale*. Vernois y développe toutes ses facultés d'investigation persistante et ingénieuse; 150 professions y sont successivement examinées au point de vue des modifications que la main des ouvriers subit par leur exercice; les callosités de la peau, les bourses séreuses accidentelles, l'usure et la coloration des ongles, les odeurs fixées sur le tégument cutané, l'examen chimique ou physique des poussières organiques ou inorganiques fixées dans les plis tégumentaires, sous les ongles, et, par extension, dans les cheveux, dans la barbe ou dans les vêtements; les éruptions et les ulcérations cutanées; les déviations professionnelles; tous les caractères, enfin, qui peuvent amener l'hygiéniste ou le médecin légiste à établir l'identité professionnelle d'un ouvrier, sont étudiés avec une sagacité, avec un soin qu'on ne peut trop admirer. De magnifiques planches chromolithographiques reproduisent les plus curieuses des altérations décrites par l'auteur, celles surtout qu'il avait découvertes ou sur lesquelles il avait apporté une lumière nouvelle.

Au mois de mars 1867 Vernois fut chargé par le ministre de l'instruction publique d'étudier au point de vue de l'hygiène tous les lycées de France, qu'il visita pendant une période de deux années. Il a laissé cinq volumes in-folio manuscrits où sont rassemblés les renseignements les plus intéressants recueillis pendant cette inspection. Il publia, dans le cours de l'année 1868, sous le titre d'*État hygiénique des lycées de l'Empire*, un rapport où sont résumés les résultats principaux de cet énorme travail, et il le compléta en 1872 par le *Codex hygiénique des lycées et colléges*.

L'énumération rapide et cependant incomplète des œuvres de Vernois montre suffisamment par le nombre et la qualité de ses travaux quels furent son amour du travail et la distinction de son esprit. Cette netteté de l'intelligence, cette exactitude dans l'observation, cette déduction logique que l'on rencontre dans ses écrits, on les retrouvait au même degré dans son langage. Précis et clair dans l'exposé de ses opinions, sobre dans leur développement, préoccupé surtout des conclusions pratiques qu'il pouvait faire découler de son argumentation, il n'aimait point les discussions théoriques, quoique, dès ses premières études, il eût montré combien son esprit était porté vers les idées générales et philosophiques.

Bien que sa parole fût facile et même brillante, il ne recherchait point l'occasion des longs discours, et ce n'est que dans de rares occasions qu'il prit part aux discussions académiques. Toutefois, Messieurs, dans plusieurs circonstances il vous fut donné de constater qu'il eût pu y tenir une place importante. A l'occasion de la vaccination animale et dans le cours de la discussion sur la rage, il développa avec talent des questions qu'il connaissait bien et dont l'une avait été l'objet de ses études spéciales; mais c'est surtout dans la défense d'un rapport qu'il vous avait présenté sur une nouvelle méthode de docimasie pulmonaire qu'il donna la véritable mesure de ses facultés oratoires et qu'il fit naître chez beaucoup de ses auditeurs le regret qu'il ne les manifestât point plus souvent.

Les rares qualités de Vernois, le charme de sa nature lui avaient conquis de hautes amitiés et de nombreuses relations auxquelles il savait suffire au milieu de ses occupations incessantes. Il avait trouvé au foyer domestique l'affection la plus douce et le dévouement le plus tendre, et il pouvait compter parmi les hommes auxquels la vie prodigue ses sourires.

Les désastres de la patrie le frappèrent au cœur. En même temps que l'infortune publique, il déplorait le malheur d'une famille à laquelle il avait consacré de longues années d'un profond attachement. Bientôt la mort venait atteindre coup sur coup des êtres chers à son affection, sa sœur, sa nièce, son beau-frère; et, brisé par ces douleurs répétées, Vernois devenu l'ombre de lui-même s'acheminait lentement vers la tombe qui vient de se fermer sur lui.

Sa vie a été bien remplie; aimant le travail pour le travail même, il ne s'est arrêté que le jour où ses forces lui ont fait défaut. Outre les écrits qu'il a publiés, il laisse après lui des œuvres importantes qui témoignent de son activité laborieuse. Son esprit éminemment souple et délié se portait sans difficulté dans des directions scientifiques diverses. Attiré d'abord par les principes les plus abstraits de la philosophie des sciences naturelles, il passe rapidement de la plus large synthèse à l'analyse la plus délicate. Curieux des idées nouvelles, on le voit toujours marcher un des premiers dans les voies qui s'ouvrent aux différentes phases de sa vie.

A l'époque où, sous une impulsion puissante, les affections du système vasculaire étaient l'objet de l'attention générale, il écrit sa thèse sur les bruits des artères et son mémoire sur les dimensions du cœur; lorsque l'étude des liquides organiques devient un des éléments du progrès de la physiologie pathologique, il publie avec Becquerel ses belles analyses du lait chez la femme dans l'état de santé et de maladie et son mémoire sur l'albuminurie où la composition du sang et celle des divers liquides de l'économie dans les hydropisies sont l'objet d'un examen approfondi.

Plus tard, placé dans des conditions différentes et livré tout entier à l'hygiène publique, Vernois en comprend aussitôt les besoins. Dans ses nombreuses et intéressantes monographies il étudie l'influence des professions sur la santé et il indique avec autorité les moyens d'en faire disparaître ou d'en atténuer les dangers.

Cette facilité de son esprit à aborder des sujets aussi divers était l'un des principaux caractères du talent de Vernois, et la variété de ses connaissances donnait à sa conversation un intérêt tout particulier. On y rencontrait à chaque instant des aperçus ingénieux qui témoignaient de ses réflexions profondes sur les faits qui avaient attiré son attention.

C'est à ces qualités réunies qu'il dut ses succès. Mais s'il parvint à une situation élevée dans la société et dans la science, il s'en était montré digne par ses efforts constants, par la valeur de ses travaux, par la dignité de sa vie. Dès ses premières années, il avait entrevu la voie qu'il devait suivre. Il avait eu devant les yeux comme des modèles qu'il ne devait pas oublier : dans son père, la droiture scrupuleuse et le respect de soi-même ; dans le modeste initiateur de son jeune esprit au goût des études médicales, l'appétit de la science et l'amour du travail.

PARIS. — IMPRIMERIE DE E. MARTINET, RUE MIGNON, 2.

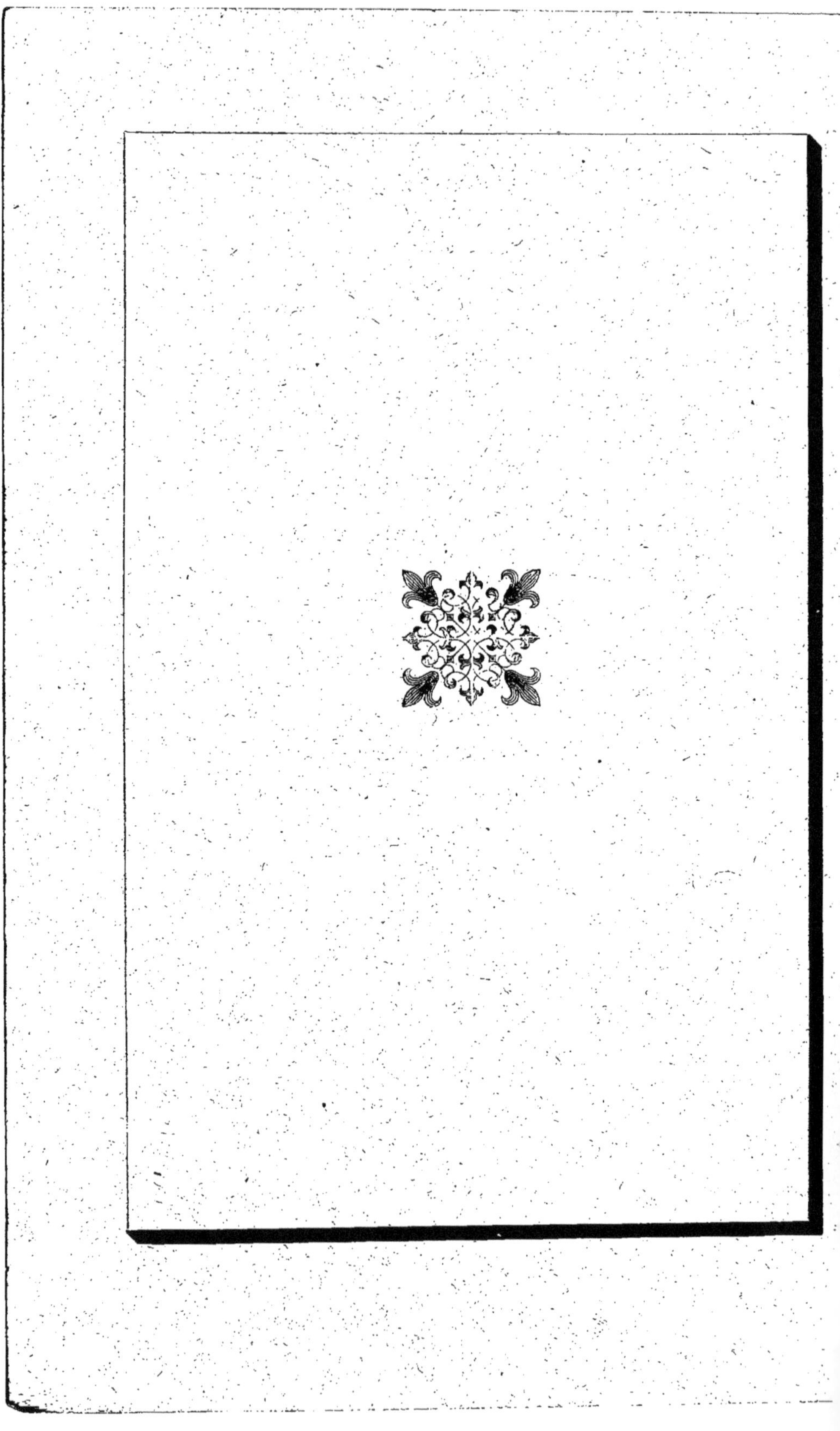

www.ingramcontent.com/pod-product-compliance
Ingram Content Group UK Ltd.
Pitfield, Milton Keynes, MK11 3LW, UK
UKHW020112100726
13658UKWH00005B/2114